Bibliografische Information der Deutschen Nationalbibliothek:

Die Deutsche Bibliothek verzeichnet diese Publikation in der Deutschen National-
bibliografie; detaillierte bibliografische Daten sind im Internet über http://dnb.d-
nb.de/ abrufbar.

Dieses Werk sowie alle darin enthaltenen einzelnen Beiträge und Abbildungen
sind urheberrechtlich geschützt. Jede Verwertung, die nicht ausdrücklich vom
Urheberrechtsschutz zugelassen ist, bedarf der vorherigen Zustimmung des Verla-
ges. Das gilt insbesondere für Vervielfältigungen, Bearbeitungen, Übersetzungen,
Mikroverfilmungen, Auswertungen durch Datenbanken und für die Einspeicherung
und Verarbeitung in elektronische Systeme. Alle Rechte, auch die des auszugsweisen
Nachdrucks, der fotomechanischen Wiedergabe (einschließlich Mikrokopie) sowie
der Auswertung durch Datenbanken oder ähnliche Einrichtungen, vorbehalten.

Impressum:

Copyright © 2004 GRIN Verlag, Open Publishing GmbH
Druck und Bindung: Books on Demand GmbH, Norderstedt Germany
ISBN: 978-3-668-17499-3

Peter Weiß

Geschichte der Europäischen Staatenwelt 1854-1914. Teil II

Mitschrift der Vorlesung

GRIN Verlag

Vorlesung *„Die Europäische Staatenwelt von 1789-1914/18 – Teil II"*

Sommersemester 2004 Prof. Dr. Klaus Hildebrandt

Gliederung:

Teil I.   Krimkrieg und Reichsgründung 1854-1871

28.04.04

1832 Hambacher Fest – Beispiel für radikale Bewegungen gegen die Wiener Staatsordnung bzw. gegen die Monarchie

1846 Aufstand in Warschau Polnischer Aufstand / Konstitutionelle Bewegung in Italien

1847/48 Krieg zwischen Liberalen und Konservativen Kantonen

1848 Februarrevolution, erfasst auch südwestdeutsche Gebiete > „Europa in Flammen"

- Verschmelzung von Strömungen National – Sozialrevolutionär – Liberal
- Nur Frankreich hatte eine neue Staatsform (autoritäre Diktatur Napoleon III.)
- Der Äußere Krieg wurde vermieden, dafür der Krieg nach Innen.
- Gemeinsames Vorgehen der Monarchien gegen die inneren Feinde unter Führung Russlands
- Revolution zeigte die Zerbrechlichkeit der Ordnung nach 1789 erneut
- Kategorie des Nationalstaats überragte alle anderen Staatsmodelle und Tendenzen

1854 Krimkrieg

Begann als Russisch-Türkischer Krieg, doch die Großmächte Frankreich und Großbritannien griffen ein > Die orientalische Frage hatte sich europäisiert – Orientalisches Gleichgewicht war zum integrierenden Gleichgewicht für Europa geworden, insbesondere durch Interessen Frankreichs und Großbritanniens auf dem Balkan und im Mittelmeer

Orientalische Interessenslage:

- Großbritanniens Interessen im Osmanischen Reich
  Großbritannien wollte Freiheit und Gleichgewicht in Europa bewahren. Diese Werte wurden durch Russland bedroht durch den russischen Kriegseintritt. Ebenso wirtschaftliche Interessen Großbritanniens spielten eine gewichtige Rolle bei der Orientpolitik (Britische Handelshegemonie auf dem türkischen Markt und Indische Interessen)
- Russlands Interessen im Osmanischen Reich
  Russland war überzeugt vom Niedergang des Osmanischen Reiches. Es suchte Unterstützung für sein Vorgehen bei Österreich-Ungarn (1839-41), wo Metternich jedoch den Fall eines Vielvölkerimperiums als Gefahr ansah (Dominotheorie). Daraufhin wandten sich die Russen an Großbritannien: 1844 Arrangement mit Großbritannien (sog. Nesselrode-Abkommen), dass beide Mächte sich Falle des Niedergangs des Osmanischen Reiches das Gebiet aufteilen werden. (bis 1853)
- Frankreichs Interessen
  Schon seit Napoleon I. versuchte Frankreich vergeblich in Ägypten und Syrien einen Fuß zu fassen. Napoleon III. weckte ein neues Interesse am Osmanischen Reich. Der Katholizismus unterstützte sein Vorgehen mit Hinblick auf eine Ausweitung der Rechte der Katholischen Kirche an den Heiligen Stätten

Entwicklungen die zum Krimkrieg führten:
In Großbritannien wurden die Torries von der Regierung abgelöst. Spitzengespräche zwischen Russischer Führung und britischer Diplomatie über die orientalische Frage. Vorschlag Russlands: Rumänien und Bulgarien zu eigenen Staaten zu machen, Serbien und Bosnien-Herzegowina an Österreich zu geben und Ägypten an England. Russland wurde jedoch von Großbritannien enttäuscht = In England wurden die Pläne der Russischen Führung veröffentlicht. Das naive Vorgehen Russlands erklärt sich aus einer Fehleinschätzung der britischen Regierungsform. (Zar dachte, dass die britische Außenpolitik von Einzelpersonen geführt wird!) > Russische Führung und der Zar waren verprellt + Osmanische Führung war brüskiert. Menschikow wurde daraufhin vom Zaren nach Konstantinopel gesandt, mit dem Auftrag die Rechte der orthodoxen Christen einzufordern (hauptsächlich den Zugang zu den heiligen Stätten) – In Wirklichkeit beabsichtigten die Russen ein Protektorat über das Osmanische Reich.

29.04.04
Krimkrieg 1853-1856
Mai 1853 ließ Menschikow die wahre Absicht der Russischen Interessen erkennen
2. Juli 1853 Russische Truppen marschieren in die Türkischen Donaufürstentümer ein > England reagiert: Britische Flotte ankert in Konstantinopel (sowohl Französische) > Bis Oktober Verhandlungsversuche der Vier Mächte
➔ Konflikt wird internationalisiert / Militärische Spirale spitzt sich zu
➔ Die Stimmungslage in der Türkei befürwortet einen heiligen Krieg gegen Russland
4. Oktober 1853 Türkische Kriegserklärung / ein halbes Jahr blieb der Krieg ein lokaler Krieg
Russen vernichten Türkische Flotte in Sinop (Überraschungsangriff)
➔ England wurde dadurch zum Krieg gegen Russland gedrängt: Englische Presse stellt die Russische Seite als „grausam" dar (Massaker von Sinop) und die englische Öffentlichkeit drängt auf Englands Einschreiten
1853-1856 Österreich (Krieg an seinen Grenzen!) fürchtet die Gefahr von Aufständen in seinem Reich, deshalb bleibt es neutral!
2.11.1854 Österreich geht Vertrag mit den Westmächten ein und besetzt die Donaufürstentümer / Zuvor Abmarsch der Russen
➔ Österreich konnte seine Neutralität nicht halten; es war bestrebt den Krieg an seinen Grenzen zu seinen Gunsten zu beseitigen. Ergo: Die Besetzungen sind nicht als imperiale Erweiterung zu verstehen, sondern als ein Sicherheitszweck.
Preußen war ebenso beängstigt vor potentiellen Revolutionen, hatte jedoch keine institutionell-einheitliche Außenpolitik / Drohungen Englands und Frankreichs, damit Preußen seine neutrale (Vogel Strauß Politik) Politik aufgibt
➔ Kriegschauplatz verlagert sich nach Europa (nicht mehr lokal) / Sept. 1854 Landung alliierter Truppen auf der Krim = Belagerung Sewastopol

Kriegsziele der Mächte:

Russland
Wiedereinsetzung der orthodoxen Kirche im Osmanischen Reich und die Errichtung eines Protektorrats in der Türkei und im Falle einer Auflösung: Bulgarien und Donaufürstentümer unter Russische Herrschaft + Autonomer Status für Konstantinopel

Frankreich
Zerstörung der heiligen Allianz der Russen, Preußen und Österreicher! Außerdem geringere lokale Interessen in Ägypten und Palästina. Durch eine Ausweitung des Krieges auf Europäische Ebene > Gewinnung der Rheinlande. Zuspitzung der polnischen Frage. England

weigerte sich jedoch die etablierte Ordnung umzuwerfen (klare Absage an die französischen Pläne!) > Daraufhin kehrte Napoleon III. zu Friedenspolitik

England
Kriegskoalition mit Frankreich war nicht von Dauer. Europäisches Gleichgewicht beibehalten – dahinter verbarg sich die Absicht das Osmanische Reich zu Gunsten Großbritanniens zu stärken (britische Hegemonie auf dem türkischen Markt). Russische Interessen müssen Fallen gelassen werden und die Russische Marine unschädlich! Endziel: Russland sollte alle nicht-russischen Gebiete seines Reiches abtreten an die anderen Mächte = Russland auf sein mittelalterliches Reichsgebiet reduzieren
→ Erstürmung Sewastopols 8. Sept. 1855

Politische Entscheidung fiel 1856 als Russland die Niederlage einsah. Auf der Grundlage eines Österreichischen Vorschlags wurde der Pariser Frieden geschlossen. Folge: Neutralisierung des Schwarzen Meeres (keine Kriegsschiffe im Schwarzen Meer und keine militärische Befestigungen an Seehäfen Russlands) *„Klammer im Schwanz des Bären"*

05.05.04
Pariser Frieden
Neben dem Zarenreich gab es nun eine zweite Macht (Frankreich), welche die Ordnung in Frage stellte.
Krimkriegskonstellation:
- Russland zog sich aus Europa zurück und konzentrierte sich auf die innere Stabilität und Expansion nach Osten
- England zog sich ebenfalls aus Europa zurück (1 Jahr zuvor ?-Aufstand in Indien = England kämpfte um seine imperiale Stellung). Englands Desinteresse erklärt sich aus seinem Kräfteverbrauch im Orient
→ Otto v. Bismarck u Cavour (Italien) brachten ihre neuen Nationalstaaten in dieses Vakuum in der Mitte Europas (Flankenmächte England und Russland zogen sich zurück)
Rückzug der beiden Großmächte = Vorraussetzung zur Gründung des Deutschen Reiches -> politisches Machtvakuum in Mitteleuropa in das Deutschland und Italien vorstoßen -> Bewegungsmöglichkeit Deutschlands hängt vom Konkurrieren der beiden Flankenmächte ab: wenn sie sich annähern (wie 1914) bleibt kein Manövrierraum für das Deutsche Reich (, sondern nur die Flucht nach vorn). Daraus geht die deutsche Außenpolitische Tradition hervor, den Osten und den Westen in ein kontrollierbares Gegeneinander zu führen.
Die Nationalitätsgründung die aufgrund der internationalen Mächtekonstellation entstand, wurde durch Krieg verwirklicht.
1863 polnischer Aufstand führt Deutsches Reich und Russland zusammen > Truppenbeistand im Notfall (*Verhinderung eines polnischen Nationalstaates = Gefahr für die preußischen Ostprovinzen / Einer Annäherung zwischen F. und R. entgegenwirken*)
1864 Dänischer Krieg – Zusammengehen von Deutschen Reich und Österreich = Erweiterung des Norden / Schwächung Österreichs Position in Mitteldeutschland
1866 Preußisch-Österreichischer Krieg = Preußische Hegemonie > Feindschaft zwischen Preußen und Frankreich beginnt
1871 Gründung des Deutschen Nationalstaates (latente, immer gefährdende Hegemonie für Europa)

Teil II.   **Bismarcks System und Europas Frieden**

Bismarcks Friede: Dieses Deutsche Reich sei endgültig Saturiertheit
- Beibehaltung des Status Quo und Vertrauen aufbauen
- Zurückweisung anderer Ideen
- Frankreich (gedemütigt) und weitere Europäische Länder befürchten einen
  Pangermanismus (< Annexion von Elsaß-Lothringen?!)
Stimmen in Europa (negativ):
- Disraeli 1871: „Dieser Krieg bedeutet die deutsche Revolution, ein größeres Ereignis
  als die französische Revolution. Das Gleichgewicht der Macht ist zerstört."
  Gleichgewicht war vorerst gar nicht zerstört und England zog sogar Nutzen daraus
- In Österreich herrschten notorische Ängste, dass die nationale Revolution auch die
  Österreichischen Deutschen erfassen könnte
>Bismarck bemühte sich Österreich zu beruhigen und sich mit Frankreich zu versöhnen.
>Graf Andrassy, neuer Ministerpräsident Österreichs, war für eine Gleichstellung der Teile
innerhalb der K.u.K. Monarchie (z.B. Böhmens und Österreichs) – Strikter Gegner der
Revisionsbestrebungen der Habsburger
1) Bismarck strebte die Kooperation zwischen Wien und Berlin an, um friedenstiftend
   gegenüber Russland zu wirken
2) Andrassy wollte die Macht der dt. Staaten nutzen um anti-russische Politik zu
   betreiben
➔ 1879 Abkommen zwischen Österreich und Deutschem Reich
Russland drängte in die Annäherung zwischen Österreich und Deutschem Reich hinein.
Bismarck wollte keinen Dreibund (Renaissance der heiligen Allianz), um möglichst keinen
Druck auf Westeuropa zu machen.
Sept. 1872 Bismarck bezog auf einem Treffen D. und Ö. Russland mit ein, ließ aber ein
verbindliches Abkommen für Russland außen vor
1873 Schönbrunner Abkommen (Drei-Kaiser-Abkommen) – Sicherung und Beibehaltung des
Friedens und Abwehr revolutionärer Gefahren
In Berlin suchte man den Schlüssel zur weiteren Entwicklung in Europa!

06.05.04
Durch die Reichsgründung geriet Deutschland in die gefährliche Lage einer
Hegemonialmacht.
- Bismarck sah die Zerbrechlichkeit des europäischen Staatensystems
- Bis 1873 alle Ansprüche des deutsch-französischen Friedens erfüllt
- Frankreich führte die allgemeine Wehrpflicht wieder ein und baut die
  Friedenspräsenzstärke der Armee aus (auf die Zukunft dimensioniert!)
- Befürchtungen beim deutschen Generalstab gegenüber Frankreichs Aufrüstung /
  Bismarck glaubte die Aufrüstung Frankreichs frühzeitig verhindern zu können, lehnte
  vehement einen Präventivkrieg ab! Hingegen übte er Druck auf Frankreich aus
  (Kriegsdrohungen als politisches Mittel)

Spannung im ganzen europäischen Staatensystem
Insbesondere die Presse schürte die Spannungen!
1875 Zur Krise zwischen Deutschland und Frankreich („Krieg-in-Sicht"-Krise)
Deutschland sieht sich in der Isolierung, in die Bismarck Frankreich bringen wollte! Die
deutschen Befürchtungen und Drohungen wurden von Frankreich zum Nachteil gegen
Deutschland verwendet -> Französisches Außenministerium initiierte die Veröffentlichung in
verschiedenen Zeitungen von anti-deutschen Artikeln

Englisch-Russisches Zusammengehen gegen angebliche deutsche
Präventivkriegsmaßnahmen. Russland demonstrierte (Gortschakow) seinen Anteil für die
Erhaltung des Friedens („Jetzt ist der Friede gesichert")
> Bismarck zeigte dies, die Grenzen der Manövrierfähigkeit des Deutschen
Reiches und die Gefährdung jener (Gefahr der Invasion!)
Die Weltmächte hatten sich wegen des scheinbar deutschen Schrittes zusammengefunden und
Deutschland ihre Position für die Erhaltung des Friedens und des Staatensystems aufgezeigt.
- Österreich witterte Morgenluft (Raus aus der eigenen Isolation) und bot sich dem
Deutschen Reich als bester Partner an
Das Eintreten der Mächte war einerseits eine Anerkennung der deutschen Reichsgründung,
gleichzeitig eine Anerkennung Frankreichs Machtsposition
→ Bismarcks zieht hieraus Konsequenzen (Erfharung):
- Übervorsichtige Außenpolitik
- Vermeiden aller aggressiven Absichten
- Status Quo beibehalten
Gefahr: Deutschland konnte immobil und von allen Seiten abgeriegelt werden

Neuerliche Zuspitzung der Situation auf dem Balkan:
⇨ Spannung in Zentraleuropa wurde gelindert durch die orientalische Krise 1875
/ Verlagerung des Konfliktes auf die Peripherie
Aber:
Gefahr, dass Deutschland in die Rivalität zwischen Österreich und Russland
mitreingezogen werden würde
1878 Krieg Russlands gegen Osmanisches Reich
- Diktatfrieden der keine Rücksicht auf die Interessen der europäischen Mächte nahm
- Interessen Frankreichs, Englands und Österreich (Weltkrieg stand bevor)
Schon 1876 legte sich Bismarck für die Konflikte in Südosteuropa auf Neutralität fest. Keine
Intervention für keine der Parteien.
- Türkische Frage hatte keine Priorität, sondern Rehabilitation des deutschen
Verhältnisses zu den europäischen Mächten
- Bismarck setzte auf Verhandlung (Mittler) zur Erhaltung des Friedens und sich so mit
den Weltmächten zu versöhnen (Vertrauen gewinnen) = Kein Altruismus, sondern
Eigennutz
- Insbesondere dem Zarenreich wurde gezeigt, dass man keine Absichten hatte eine
Aggression gegen Russische Interessen zu fördern > Russland stellte Deutschland
jedoch auf die Probe indem es den Krieg gegen Österreich ankündigte
- Bismarck setzte weiterhin auf eine Mittler-Rolle, eine neutrale Politik aus
Existenznotwendigen Gründen. Er versuchte die Balance zwischen Russland und
England zu wahren.

12.05.04
1877 Im Budapester Abkommen zwischen Österreich und Russland erhielt Habsburg als
Genugtuung Bosnien-Herzegowina zu besetzen, wenn sie die Russen ungestört gegen die
Hohe Pforte walten ließen > Aufteilung der Interessenssphäre auf dem Balkan. +
Österreich hatte Angst vor einem Großserbischen Staat bzw. eines Übergreifens des
slawischen Nationalismus auf die slawischen Völker im Habsburger Reich.
- Die Türkei verlor innerhalb eines Jahres den Krieg
Für Bismarck war diese Gefahr eine Möglichkeit Deutschland aus seiner Isolation zu befreien
(Kissinger Überlegungen – Seine Einschätzung der Mächtekonstellation in Europa):
- Am deutsch-englischen Verhältnis entscheidet sich die Frage von Krieg und Frieden in
Europa. Glaubte nicht, dass England und Deutschland zusammenfinden können.

- Förderung einer Versöhnung zwischen den Weltmächten, um den Status der Revolution und Anarchie zu vermeiden
- Förderung der natürlichen Gegensätze der beiden Weltmächte, um sie nicht gegen Deutschland gemeinsam vorgehen zu lassen.
- Gefahr sah er in der Haltung Frankreichs > möglicher Druck auf Deutschland, insbesondere durch Bündnispolitik

Bismarcks System:

1. Verlagerung der Russischen Interessen gen Osten
2. Anlass für Russland eine starke Defensivhaltung einzunehmen und eines Bündnis mit Deutschland zu bedürfen
3. Förderung der Beziehungen zwischen England und Frankreich
4. Loslösung Englands von Frankreich
5. Vermeidung einer zu engen Beziehung zwischen England und Russland, welche eine anti-deutsche Konstellation zur Folge haben könnte

Bismarcks Angst:
Die Dynamik der Weltmächtepolitik könnte alles über den Haufen werfen (bzw. sein System)

→ Entsprach Bismarcks Vorstellung dem, was sich im Europäischen Staatensystem entwickelte?
→ Entwickelte sich nicht in Wirklichkeit ein europäisches Staatssystem

a) Russlands Konzentration auf Innere Politik nach dem Krimkrieg
b) Amerikas Konzentration auf Innere Politik nach dem Amerikanischen Bürgerkrieg
Beides hat die europäische Politik noch einmal groß erscheinen lassen – geschichtliche Verzögerung

Gestaltwandel des europäischen Staatensystem drohte die größte Gefahr für das europäische Staatensystem zu werden. Jeder kleine Schritt musste mit Sorgfalt und absoluter Vorsichtigkeit getan werden.

Englische Öffentlichkeit drängt aufgrund der türkischen Gräueltaten in Bulgarien die Hohe Pforte anzugreifen. Andererseits machtpolitisches Motiv.

Russland sah sich in der Position, in Stellvertretung Europas als Auftrag gegen das Osmanische Reich in den Krieg zu ziehen
- Bismarck unterstützte nicht die Petersburger Haltung!

Nach der Krise in Südosteuropa sah Bismarck die Situation für Deutschland: Anbahnen einer ungünstigen Konstellation für Deutschland. Er suchte in seiner Rede vom Februar 1878 für das Reich eine Position zwischen den Fronten!
- „Ehrlicher Makler" Bestätigung dieser Politik im Berliner Kongress
- Sollte zum Ausdruck bringen, dass Deutschland weder Lehrmeister noch das Schiedsgericht spielen wollte
- Berliner Kongress schloss eine Periode der Skepsis und Unsicherheit gegenüber deutscher Außenpolitik ab. Bismarcks Politik wurde glaubwürdig – das System Bismarcks garantierte den Frieden in Europa und damit die Existenz des Deutschen Reiches

09.06.04
1. Hälfte der 80er Jahre des 19.Jh.
Bismarck versuchte die Feindschaft Frankreichs zu überwinden (Geburtsfehler der
deutschen Nation) > Schlug jedoch fehl > Doppelkrise 1885-1887
- Bedrohung von Westen
- Im Osten zerbrach der Drei-Kaiser-Vertrag. Bismarck wandte sich dennoch Russland
  zu, entgegen der in Deutschland herrschenden anti-russischen Stimmung
- In Russland verlor Deutschland sein Prestige, da man ihm Partnerschaft zum Gegner
  Österreich vorwarf
- Insgesamt: Dominierende Tendenz in der Außenpolitik: Nationalismus und öffentliche
  Meinung

> Idee eines Bündnis von Slawen und Romanen gegen Germanen!!!
- Bismarck verabsolutiert die Beziehungen zu Österreich, während die zu Russland
  gekappt werden
- In Deutschland und Russland lief alles in Richtung Krieg gegen die Stimmen der
  Anhänger einer Zusammenarbeit
- Die Bedrohung aus dem Osten war die Handlungsbestimmende für Bismarcks Politik

Abkommen zwischen Italien und England
Unterstützung Italiens bei seinen afrikanischen Koloniebestrebungen und gegen einen
französischen Angriff -> Bismarck gab Italien ebenso Unterstützung, da ja England an
seiner Seite war

- Bemühungen mit Russland eine Ersatzlösung zu finden (unter Geheimhaltung
  verhandelt) > Ergebnis: Bilateraler Vertrag mit Russland
(Ursache für den deutsch-russischen Konflikt war ein Außenhandelskrieg)

1887 Abkommen Zweibund
1. Neutralität Russlands im Fall eines Deutsch-Französischen Krieges
2. Neutralität Deutschlands im Fall eines Österreichisch-Russischen
   Krieges
(Da die 1. Option viel wahrscheinlicher war, vorteilhaft für Deutschland)
Gleichzeitig überließ Deutschland Russland die Meerengen, d.h. keine
Intervention Deutschlands bei der Meerengen-Frage

Sommer 1886: Letzter Versuch Russlands Bulgarien in seiner Einflusssphäre zu behalten
- Deutsche Öffentlichkeit und Presse drängt auf Krieg gegen Russland. Große
  Ablehnung der russischen Hegemonie (sogar Sozialdemokraten und das Zentrum
  bejahten einen Krieg)
- Bismarcks Politik der Friedensbewahrung wurde zunehmend ein Faktor der Isolation

Wunschvorstellung Deutschlands mit England zusammen in den Krieg gegen Russland zu
ziehen (sogar bis ins 20. Jh.)

1887 Orient-Drei-Bund
Erhaltung des Status Quo im Orient, insbesondere die Erhaltung des Osmanischen Reiches
Abstützung des Osmanischen Reiches gegen Russland

8

Bismarcks System
Das gesamte System war auf die Erhaltung dieses Status Quo gedacht. Es war nicht für den Casus Belli gedacht. Denn dann würde das gesamte System zusammenbrechen. Es diente nicht einen Konflikt zu überwinden, sondern ihm auszuweichen. Widersprüche in den Verträgen haben für Bismarck keine Bedeutung, da sie immer nur auf den jeweiligen Fall bezogen sind.

Vertrag 1887 mit Salisbury = Werben um England gegen Frankreich
➔ England lehnt (weder ja noch nein) Zusammenarbeit mit dem Deutschen Reich ab
- > Letzte Phase Bismarckscher europäischer Außenpolitik / Dann Sturz Bismarcks

Die Zeit 1871-1890 sicherte den Europäischen Frieden und basierte auf einem System des Kräftegleichgewichts. Unvereinbar mit Blockbildung und Militarismus.
➢ Deshalb: Unterdrückung von weltanschaulichen Interventionen in Bismarcks Außenpolitik. Er wollte das Chaos auf internationaler Ebene vermeiden.
➢ Nach Bismarcks Abgang geschah genau das von ihm vermiedene! Bis dahin konnten die europäischen Staatsmänner die Kriegsmaschinerie zähmen
➢ Neue Politik erwies sich als Kriegsbegünstigend
➢ Ideologisch legitimiertes Wettrüsten
➢ Keine Flexibilität im Mächtesystem
➢ Teufelskreis: Machtkonkurrenz – Machtverlust – Waffengang
Das Zarenreich sollte durch eine Demonstration der Macht wieder an das Deutsche Reich herangeführt werden > Dem stand entgegen > gesellschaftliche Strömungen in Russland und Deutschland welche auf den Konflikt steuerten (Entwicklung in den 1880er Jahren)

Teil III. **Imperialismus und Europas Weg in den Krieg 1890-1914/18**
17.06.04

1891-94 Französisch-Russische Allianz gewann höhere Qualität als andere Allianzen (auch militärisches Zusammengehen) > Es drohte die feste Blockbildung in Europa

Nachfolger Bismarcks (Wilhelminische Staatsmänner) suchten Sicherheit in enger Allianz > Österreich-Ungarn! Dadurch aber auch keine Manövrierfähigkeit und unrevidierbare Blockzugehörigkeit. Neue Abhängigkeit vom Partner (Großmachtstreben Österreichs!!!)

Nach der Zäsur von 1890 gewann der Militarismus mehr Einfluss. Jeder versuchte sich für den Ausbruch eines Krieges in eine möglichst günstige Position zu bringen. (Mobilmachungspläne mit den Allianzpartnern etc.)

➔ Beginn des Zeitalters des Imperialismus und des Weges in den I. Weltkrieg
(Definition von Imperialismus von Carl Friedrich Jung (1919):
„Bestrebungen europäischer Mächte sich in der außereuropäischen Welt Besitzungen und wirtschaftliche Einflüsse zu sichern."

Ursprünglicher Imperialismus:
Überseeische Tendenz ein Imperium bzw. eine Einflusssphäre zu erobern, war Folge der europäischen Entdeckungen und ist zeitlich vom 16. bis ins 18. Jh. einzuordnen. Ab den 19. Jh. erfolgt eine Verlangsamung dieses Prozesses
➢ Ab 1880er Jahren = neue Qualität des Imperialismus
➢ Letzte unverteilte Gebiete in Ozeanien und Afrika wurden aufgeteilt

8

Imperialismus:
Nationalistischer Wettbewerb der Expansion und des Machtstrebens!

- In den Kreis der europäischen Großmächte begannen Deutschland und Italien sich zu etablieren und ebenso Kolonien zu beanspruchen
- Russland expansionierte nach Asien
- Österreich-Ungarn versuchte nach Südosteuropa zu expansionieren
- Japan expansionierte nach Asien (Festland) > Krieg mit Russland
- USA expansionierte nach Lateinamerika > Konflikt mit Spanien

> Bei den Neulingen wurde der Wunsch stark, gleichberechtigt als Großmacht anerkannt zu werden
> Bei den Alten hatte der Wunsch nach Beibehaltung der Machtverhältnisse Priorität

Seit den 1890er Jahren gab es nur zwei Möglichkeiten seine Einflusssphäre in peripheren Regionen auszubauen:
1. Die Besitznahme wird von den anderen Mächten akzeptiert
2. Alle sind an der Neu-Besitznahme beteiligt
→ Alle anderen Möglichkeiten führten zu Konflikt

Die Entente (Großbritannien – Frankreich – Russland) vereinbarte 1904 ihre überseeisches Interessensgebiet!
> Entwicklung zielte unaufhaltbar auf Krieg!

07.07.04
Um die Jahrhundertwende suchte England mögliche Bündnispartner > Balance gegen die in Asien vorschiessenden Russen durch den Defensivpakt mit Japan
> Wandel der Staatenwelt machte sich bemerkbar: Die europäischen Großmächte erlangten einen Ausgleich in Übersee- und Peripherieinteressen
> Gegensatz England <-> Deutschland wurde unausweichlich
> Alles was bisher an Konfliktstoff aus dem Zentrum in die Peripherie verlagert gewesen war, schlug sich nun im Zentrum aus
> Kolonien waren Konflikte, aber zugleich die einzige Möglichkeit sich zu einigen für die europäischen Staaten
> Nach Aufteilung aller Gebiete in Kolonien, nach Übereinkommen der Großmächte über die Kolonien und dadurch Wegfall des Konfliktstoffs, wurde der Krieg (Konflikt) in Europa ausgetragen

1908 Inbesitznahme Bosnien-Herzegowinas ins Habsburger Reich brachte die europäische Staatenwelt an den Rand einer militärischen Auseinandersetzung!
- Österreich fühlte sich hierzu durch die Bündnistreue Berlins ermuntert
- Deutschland befand sich zu diesem Zeitpunkt in völliger Isolation (u.a. wegen der Marokkokrise)
- Problem beim Österreichisch-Deutschen Bündnis: Durch die bedingungslose „Nibelungen"-treue lag ein gewichtiger Teil der Entwicklung beim kleineren Partner!

1908/09 Neuer Versuch Kontrolle über die türkischen Meerengen zu gewinnen seitens Russlands. > Unterredung Ehrentals und Iswolskis: Österreich signalisiert Russland freies Vorgehen in der Meerengenfrage und im Gegenzug akzeptiert Russland die österreichische

Annexion Bosniens. > Doch nach der Annexion wurde diese Vereinbarung von Österreich nicht eingehalten / Russland doppelt düpiert
> Briten sahen neue Chance sich mit der Entente gegen die beiden deutschen Staaten einander anzunähern

Die Bündnissysteme vor 1914 waren labil und hielten nur durch die Bedrohung von Anderen (Prinzip: Sich gegen andere verbünden) oder als Gegengewicht zu anderen Bündnissen!

1912 1. Balkankrieg und 1913 2. Balkankrieg (der stärkste Partner der Koalition, Bulgarien, löste einen erneuten Verteilungskampf aus)

England sah Deutschland als „Juniorpartner", welcher auch Flotten und Kolonien haben dürfte, aber Deutschlands Flottenkonzepte nicht in diesem Rahmen konzipiert, sondern als ein politisches Druckmittel gegen England! (Tirpitz)
→ England sah sich provoziert und herausgefordert

21.07.04
Engländer legten neue Klasse von Schiffen und Waffensystemen vor! > hohe Überlegenheit der „dreadnought" Großkampfschiffe.
Alle bürgerlichen Parteien unterstützten die deutschen Flottenpläne. Diese Großkampfschiffe neuen Typs wurden überall in Europa stationiert.
> Verhältnis zwischen Deutschland und England war „vergiftet"!

1914 Julikrise
Warum ist es nicht gelungen dem Krieg zu entgehen?
1. fatalistische Erweiterung des Unheils
2. Englische Entscheidung Allianzpolitik über die Gleichgewichtspolitik (Frieden) zu stellen
3. Frankreich (ab 1912) intensivierte die Bündnisarbeit der Entente so weit, dass kein Ausweg für Deutschland und Österreich bestand (Triumph über die deutsch-österreichischen Zweibund!)
4. Russische Entscheidung, mit neuem Kraftgefühl, neue Schlappen nicht mehr hinzunehmen
5. Deutschland und Österreich gerieten in die Defensive > Konsequenz: Außenpolitik Österreichs wandelte sich – das Anwachsen des Russischen Heeres veranlasste Außenminister Berchtold zu einer diplomatischen Offensive. Angstreaktion: 1914 Beschießung Belgrads durch die österreichische Artillerie. Aber schon vor der Ermordung Franz Ferdinands, hatte sich Österreich entschlossen in Südosteuropa in die Offensive zu gehen. Nach dem Attentat jedoch zuerst eine politische Offensive des österreichischen Außenministers als Probe, ob Deutschland bei der Krise mitgeht. Österreich fühlte sich in die Enge getrieben und trat die Flucht nach vorn an (mit deutscher Unterstützung), um seinen Großmachtstatus zu sichern
6. Die Angst des Deutschen Reiches vor der Niederlage und sein Fatalismus („Krieg wird ohnehin kommen"). Die Festigung der Formation der Drei durch die britisch-russischen Marinegespräche im Frühjahr 1914, veränderte noch einmal die Haltung der Führung des Deutschen Reiches gegenüber der Entente und dem Konflikt in Südosteuropa > England schied somit als Vermittler in der Julikrise aus, da parteiisch. Gleichzeitig Veränderung des Verhältnisses zu Österreich: 1913 sagte man Österreich noch Hilfe zu im serbischen Problem, aber keine Unterstützung für einen großen Krieg! > 1914 erhielt Österreich die „Blankovollmacht" und wurde angetrieben nicht

vor der Kraftprobe zurückzuschrecken. Es wurde zu den Kriegsvorbereitungen keine politische Alternative im Deutschen Reich herausgearbeitet.
7. Österreich drohte in Zukunft nicht mehr Bündnisfähig zu sein. Für Österreich hieß das, lieber früher Krieg als später! > Großmacht schlägt alternativlosen Kurs ein und überlässt dem Gegner die Entscheidung über Krieg und Frieden

30. Juli 1914 Die Russische Generalmobilmachung drängte das Deutsche Reich dazu, Russland den Krieg zu erklären, im Hinterkopf den Schlieffen-Plan wissend.

Verlauf und Weg der Julikrise bzw. zum Krieg kam nur verstanden werden, wenn man bedenkt, dass der Große Krieg immer noch als Mittel galt!

Neues Moment: Die Popularisierung der Außenpolitik!
Großes Moment der Unkontrollierbarkeit der Politik. Staatsmänner wirkten hilflos in einem widersprüchlichen Zeitalter.
> Krieg wurde als weltanschaulicher Endkrieg gesehen (z.b. Germanen gegen Slawen etc.) Als Krieg der Zivilisationen
> Politische Alternativen waren nicht populär! Masse wollte den Krieg!
> Kein Ausdenken der weitreichenden Folgen eine Krieges beim Ausbruch der Julikrise

Unterschiedliche Kriegsattitüde:
In Deutschland bedeutete Mobilmachung gleich Krieg! In Frankreich bedeutet Mobilmachung nicht unbedingt Krieg und Belgiens Souveränität galt als unverletzlich

Unbeweglichkeit der Aufmarschpläne:
- Russland konnte nur gegen die beiden deutschen Mächte aufmarschieren
- Deutschland konnte nur gegen Russland und Frankreich aufmarschieren („Das eingeferchte Reich")

22.07.04
Politische Entwicklung in Europa:
Mentalität bei Ausbruch des Krieges: Maßlosigkeit war gefragt, Vernunft verpönt!
Außenpolitische belastend wurde die zunehmende Fragestellung der Herrschaftsinstitutionen
> Krieg der Völker!
Frage der Ehre wurde zu einer Massenleidenschaft, ursprünglich suche der Könige und Fürsten. Rückzüge bzw. Schlappen hinzunehmen wurde in der Öffentlichkeit als Politik der Schwäche gesehen und der Politik negativ angerechnet. Völker drängten auf Krieg.
Legitimierung einer aggressiven Außenpolitik: „Das Volk habe es so gewollt!"

Kriegstheorie:
Alle Staaten nahmen an, es handle sich um einen „kurzen" Krieg, mit verursacht durch die neue Waffentechnologie, welche den Glauben verlieh, den Krieg umso schneller entscheiden zu können. Der Krieg geht umso schneller, umso vernichtender die Waffe ist!
> Die neue Waffentechnik hatte jedoch eine neue Qualität der Defensiv, welche automatisch zur Verzögerung und zum Abnutzungskrieg führen würde
> Diese Erkenntnis stellte sich erst ein als der deutsche Vorstoß zum Stillstand gekommen war an der Marne
Übergang vom Bewegungs- zum Stellungskrieg wurde zum militärischen Schachmatt! Es bewegte die Mächte jedoch nicht zu einer Einsicht und zu Verhandlungspolitik!
> Die Gesellschaften zeigten sich bereit einen langen Krieg zu führen

> Bevölkerung war bereit die Ressourcen und die Wirtschaftskraft für den Krieg zur Verfügung zu stellen und nahm die Inflation hin, in dem Glauben, die Schulden würden durch Beute nach einem Sieg beglichen!

Kriegsziele waren mehr als die Fortführung der Ziel von dem Krieg. > Maximum an militärischer und wirtschaftlicher Stärke nach dem Krieg zu besitzen!

-> Auf Dauer wurde jedoch das Legitimationsprinzip für die Regierungen zunehmend zum Problem: Nur ein Sieg konnte die Opfer rechtfertigen!

Forderungen nach dem Krieg:

> Frankreich: Schwächung Deutschlands und Annexion Elsaß-Lothringens
> Russland: Ausweitung im Orient und im Südosten
> Großbritannien: Deutschland raus aus Belgien, keine Unterstützung für die Rückkehr Elsaß-Lothringens zu Frankreich und skeptisch gegenüber russischen Expansionsbestrebungen. Erhaltung des Vielvölkerstaates Österreich-Ungarn als Faktor der Stabilität und Gegengewicht zu Russland. Britische Liberale = Demokratisierung des militärisch-autoritären Preußentums Britische Konservative = Keine radikale Veränderung des Gleichgewichts und Beibehaltung des Deutschen Reichs als Gegengewicht zum expansiven Russland

→ Erster Weltkrieg im Kern ein europäischer Krieg, aber Erweiterung des Krieges auf andere Regionen der Welt. Allerdings handelt es sich eher um strategische Attacken an der Peripherie.

1917 Neugeborene Staatenwelt: Sowjetrussland und USA!!